BEI GRIN MACHT SICH IHR WISSEN BEZAHLT

- Wir veröffentlichen Ihre Hausarbeit,
  Bachelor- und Masterarbeit

- Ihr eigenes eBook und Buch -
  weltweit in allen wichtigen Shops

- Verdienen Sie an jedem Verkauf

Jetzt bei www.GRIN.com hochladen
und kostenlos publizieren

Sadik Altindal

Wieweit ist die Integration von Ausländern in der BRD gelungen?

GRIN Verlag

Bibliografische Information der Deutschen Nationalbibliothek:

Die Deutsche Bibliothek verzeichnet diese Publikation in der Deutschen National-bibliografie; detaillierte bibliografische Daten sind im Internet über http://dnb.d-nb.de/ abrufbar.

Impressum:

Copyright © 2006 GRIN Verlag GmbH
Druck und Bindung: Books on Demand GmbH, Norderstedt Germany
ISBN: 978-3-640-16859-0

Dieses Buch bei GRIN:

http://www.grin.com/de/e-book/114709/wieweit-ist-die-integration-von-auslaendern-in-der-brd-gelungen

GRIN - Your knowledge has value

Der GRIN Verlag publiziert seit 1998 wissenschaftliche Arbeiten von Studenten, Hochschullehrern und anderen Akademikern als eBook und gedrucktes Buch. Die Verlagswebsite www.grin.com ist die ideale Plattform zur Veröffentlichung von Hausarbeiten, Abschlussarbeiten, wissenschaftlichen Aufsätzen, Dissertationen und Fachbüchern.

Besuchen Sie uns im Internet:

http://www.grin.com/

http://www.facebook.com/grincom

http://www.twitter.com/grin_com

Wieweit ist die Integration von Ausländern in der Bundesrepublik

Deutschland gelungen?

Referat

Inhalt

1 Einleitung

Seit Ende der 50'er Jahre leben „ausländische Gastarbeiter" in der Bundesrepublik Deutschland. Sie stammen zumeist aus der Türkei, aus Südosteuropa, dem ehemaligen Jugoslawien und sind Aussiedler. Die Frage, mit der wir uns beschäftigen wollen, ist, inwiefern sich diese Mitmenschen hier eingelebt haben. Dieses Thema wird ja bereits in den Medien, in der Gesellschaft und der Politik lebhaft diskutiert und analysiert. Einer der Gründe dafür ist, das die ausländischen Mitbürger immer häufiger negativ in der Öffentlichkeit auftreten. Da haben wir auf der einen Seite muslimische Studenten, die mit Kofferbomben Züge in Deutschland sprengen wollten und somit unzählige Menschen in den Tot reißen wollten. Dann sehen wir unbelehrbare Schüler, Kinder von Migranten, die sich durch kriminelle Geschäfte ihren Lebensunterhalt verdienen und sowohl Lehrer und Schüler tyrannisieren und terrorisieren. Einen regulären Schulbetrieb lassen sie nicht zu. Das führt dazu, dass die Lehrer und Rektoren kapitulieren und Polizeipräsenz anfordern (siehe: die Zustände an der Rütli- Schule). Es sind noch einige unerfreuliche Ereignisse passiert, die hier nicht erwähnt wurden, aber in anbetracht dieser Ereignisse drängen sich u.a. folgende Fragen auf:

Ist die Integration in Deutschland gescheitert?

Was ist der Grund für solche Gewaltausbrüche durch Ausländer?

Sind die Ausländer nicht gewillt, sich den in Deutschland geltenden Werten und Normen anzupassen?

Trägt die deutsche Politik und Gesellschaft auch eine Schuld an solchen Auswüchsen der Gewalt?

Wie sieht die Chance auf Integration und Aufstieg in der deutschen Gesellschaft für Ausländer aus? Was wurde bisher dafür getan und angeboten?

Diese Fragen will ich in meinem Referat bearbeiten und beantworten und beziehe mich dabei besonders auf die türkischen Zuwanderer.

2 Geschichte der Zuwanderer und Ausländer in Deutschland

Nach Ende des 2. Weltkrieges und Gründung der Bundesrepublik Deutschland fand eine boomartige Expansion der Wirtschaft in Deutschland statt. Überall wurde gebaut und produziert. Arbeitskräfte waren jedoch Mangelware, da durch den Krieg die Bevölkerung stark dezimiert wurde. Dieser Verlust wurde zunächst durch die Heimkehr von Kriegsgefangenen und durch die Umsiedler aus den ehemaligen deutschen Gebieten kompensiert. Als dies dann immer noch nicht reichte, entschloss sich die Bundesregierung zur Anwerbung von Arbeitskräften aus Südeuropa. Durch die technologische Entwicklung und Arbeitsteilung waren nicht nur qualifizierte Arbeitskräfte notwendig, sondern auch Kräfte notwendig, die Tätigkeiten mit minderem Ausbildungsanforderungen ausüben. Diese wurden von deutschen Arbeitern immer seltener besetzt, was dazu führte, das diese Plätze mit ausländischen Arbeitern besetzt wurde. Folglich wurde immer mehr die Zuwanderung von unqualifizierten Mitarbeitern begünstigt.[1] (ctrl+alt+f) Hieraus kann man schließen, dass man Arbeiter gebraucht hat, die die Jobs machen sollten, die durch deutsche Arbeitskräfte gemieden wurden. Das waren Jobs mit geringerem Anforderungs- und Ausbildungspotential. Folglich warb man unqualifizierte und mindergebildete Leute, die mit jeder Arbeit zufrieden sind. Die ausländischen Arbeitnehmer befanden sich *überproportional häufig an Arbeitsplätzen mit hohen körperlichen Belastungen, monotoner Tätigkeit, Schmutz, Gefahren und ungünstiger Arbeitszeit. Ihre Arbeitsbedingungen sind durchweg schlechter als die deutscher ungelernter und angelernter Arbeitskräfte gleicher Branche.* [2] Diese Menschen, waren auch mit jeder Bezahlung und Lebenssituation, die man ihnen bot, zufrieden. Das spiegelt sich v.a. in den Einkommens- und Lebensverhältnissen wieder. Sie waren auch in diesen Bereichen gegenüber den deutschen Arbeitern benachteiligt[3]

Die deutsche Regierung hatte ursprünglich den Gedanken des „Rotationsprinzips", d.h. ein dauerhafter Aufenthalt der Ausländer war nicht beabsichtigt. Bei Bedarfsende sollten die Arbeitnehmer zurückkehren,

---

[1] vgl. Bolte / Hradil; Soziale Ungleichheit in der BRD, Seite 248/249
[2] siehe Bolte / Hradil; Soziale Ungleichheit in der BRD, Seite 251
[3] Ebd.

was sowohl Vorteile für die BRD (flexibel einsetzbare Arbeitskraft) als auch für die Anwerbeländer (Rückkehr von erfahrenen und ausgebildeten Arbeitskräften mit Kapital) haben sollte. Dies führte auch zur Verunsicherung und Abschottung der Ausländer. Die Regierung konnte und wollte aber dieses Prinzip dann doch nicht durchsetzen. Die Arbeitskräfte wurden länger benötigt. Das führte dazu, dass die Ausländer ihre Familien nachholten. Die Anzahl der hier lebenden Ausländer stieg an. Dies ist auf folgender Grafik sichtbar:[4]

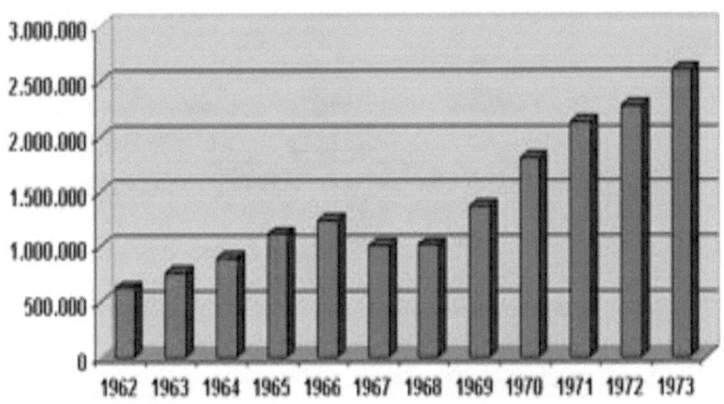

Dabei entwickelten sie auch einen eigenen Lebensrhythmus parallel der deutschen Gesellschaft. Obwohl diese Tatsache bekannt war, versäumte die Politik, Integrationsmaßnahmen durchzuführen, und für gleiche Chancen und Bedingungen zu sorgen.

---

[4] http://www.nrw2000.de/nrw/gastarbeiter.htm

3 Situation der türkischen Ausländer in der heutigen Zeit

3.1 Lebenssituation und -art

„Ein Vergleich der Daten von Haushaltsgröße und Familientand verdeutlicht die stabile, traditionelle Familienorientierung vor allem der türkischen Zuwanderergruppe. Mehrgenerationenfamilien mit mehr als einem Kind sind immer noch typisch, ...".[5]

Hieraus kann man schließen, das bei den türkischen Zuwanderern hauptsächlich zu Eheschließungen innerhalb der eigenen Gruppe kommt. Ein Kontakt zur deutschen Gesellschaft findet in dieser Ebene somit nicht statt.

Das ist auch einer der Gründe, was dazu führt, das 20 % der türkischen Bevölkerung weder Besuch von, noch Besuch bei Deutschen hat.[6] Kontakt zur anderen Gruppe (hier: die Deutschen) wird vermieden und nicht benötigt, da man alles innerhalb der eigenen Volksgruppe regeln will und kann. Ein Aufbau von Gemeinsamkeiten und Abbau von Vorurteilen ist somit nicht möglich. Es entsteht eine Parallelgesellschaft, in denen sie sich bewegen und Zugehörige anderer Volksgruppen nicht einlassen.

3.2 Bildungsstand

Das Bildungsniveau der türkischen Mitbürger aus dem Jahre 2004 sieht wie folgt aus (Zahlen in %):[7]

	Schulbildung				Ausbildung		
	kein Schulab.	Haupt-schulab.	Real-schulab.	Abitur	keine Ausb.	Berufs-ausb.	Akad. Abschluss
2004	21	49	20	10	58	33	9
1996	28	44	24	4	67	29	4
Diff.	-7	5	-4	6	-9	4	5

Hieraus kann man sehen, dass es eine positive Entwicklung in der Bildung gibt. Die Zahl der Menschen ohne Schulabschluss bzw. ohne Ausbildung nahm ab und die der mit Abschluss bzw. Ausbildung nahm zu. Aber trotz alledem ist zu verzeichnen, dass wenige türkische Mit-

---

[5] siehe Statistisches Bundesamt, Datenreport 2006
[6] vgl. Statistisches Bundesamt, Datenreport 2006
[7] Ebd.

menschen ein Abitur haben (10 %), und der Anzahl, derer die einen akademischen Abschluss haben, ist noch geringer. Somit ist der berufliche Einstieg bzw. Aufstieg umso schwieriger, da die dafür notwendigen Kenntnisse nicht erlernt worden sind.

Der Grund für dieses Defizit in der Bildung liegt auch darin begründet, das die Eltern der türkischen Zuwanderer die Schulbildung ihrer Kinder nur zögernd unterstützten.[8] Sie wollten verhindern, das die Kinder entfremdet werden. Durch die deutsche Politik und Gesellschaft (fehlende Integration und Gleichheit in vielen Situationen zu Beginn der Einwanderung in die Bundesrepublik Deutschland; siehe auch Kapitel 2) hatten sie die Absicht, schnellstmöglich zurückzukehren. Daher hatte die Schulbildung der Kinder keine große Wichtigkeit für die Eltern. Sie wollten verhindern, dass die Kinder sich zu sehr hier einleben und später ablehnen, mit ihnen in die Heimat zurückzukehren.

3.3 Stand der Erwerbstätigkeit

Zur Darstellung der Erwerbstätigkeit der in Deutschland lebenden Personen gibt es folgendes Diagramm:

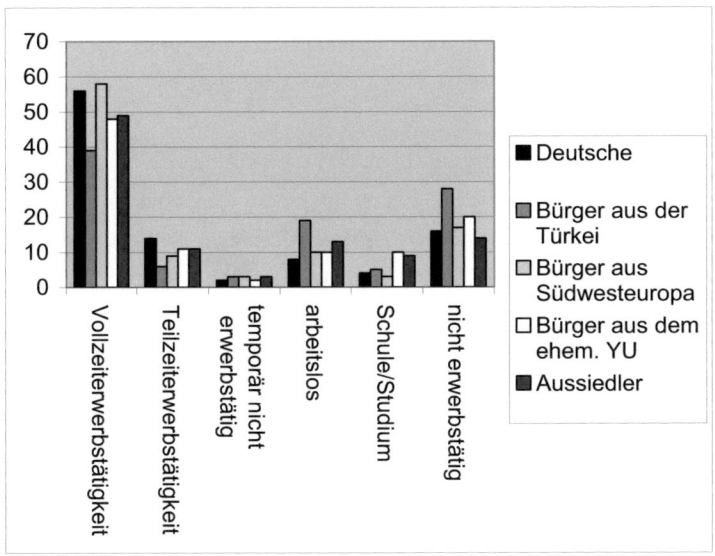

---

[8] vgl. Bolte/Hradil; Soziale Ungleichheit in der BRD, Seite 253

Hieraus kann man erkennen, dass ca. ein drittel der Zuwanderer aus der Türkei nicht am Erwerbsleben teilnimmt. Die höchste Arbeitslosenquote liegt mit 19 % auch bei den türkischen Zuwanderern. Die Anzahl der Vollzeitbeschäftigten ist am niedrigsten im Vergleich zu den übrigen Volksgruppen.[9] Die Ursache für diese Entwicklung liegt in der Vernachlässigung der Ausbildung der Kinder. Diese waren dadurch den Herausforderungen der neuen Zeit und Technologien nicht gewachsen. Durch den technischen Fortschritt wurden ungebildete Arbeitskräfte immer seltener benötigt. Während also die Väter früher mit dem geringen Maß an Wissen immer einen Job bekamen, waren die Kinder nun nicht mehr in der Lage, in das Berufsleben einzusteigen.

4 Die Entstehung von Konflikten

Konflikte zwischen ethnischen und kulturell unterschiedlichen Gruppen ergeben sich auf Grund folgender Ursachen:

- *Verschiedenheit von Traditionen*
- *Konkurrenz um knappe Ressourcen*
- *Durch die Vergangenheit entstanden Vorurteile und „kollektive Gefühle".[10]*

Bei genauerer Betrachtung dieser Aussage kann man die Konfliktursachen unserer Zeit auch erkennen. Zunächst einmal haben wir die Verschiedenheit der Traditionen (Kopftuch bei türkischen Frauen, kein Verzehr von Schweinefleisch usw.). Dann kommt die Konkurrenz um knappe Ressourcen, womit in Deutschland die Arbeitsplätze und das damit verbundene Einkommen gleichgesetzt werden kann. Anfang der Achtziger Jahre glaubte mehr als die Hälfte der Deutsche, dass Gastarbeiter, v.a. Türken, Schuld an der hohen Arbeitslosigkeit seien.[11] Diese Leute beachteten aber nicht, dass die Zuwanderer teilweise nur die Jobs übernehmen mussten, die die deutschen Arbeitnehmer mieden.

---

[9] vgl. Statistisches Bundesamt, Datenreport 2006
[10] siehe Klaus Feldmann, Soziologie kompakt, Seite 91
[11] vgl. Bolte/Hradil, Soziale Ungleichheit in der BRD; Seite 254

Hinzu kommt, dass durch Knappheit an begehrten Positionen die Menschen ihre eigenen Chancen und die der nahe stehenden Gruppenmitglieder zu erhöhen.[12] Also sind die Chancen für deutsche Arbeitnehmer einen Job zu bekommen größer, da die Arbeitgeber zumeist Deutsche sind (gleiche Gruppe). Diese Bevorzugung der eigenen Gruppe führt wiederum zur Ausgrenzung der Ausländer. Durch die allgemeinen Bedingungen, die meistens schlechter waren, als die der Deutschen, haben sie das Gefühl stets schlechter behandelt zu werden. Dies wird dann auf die Zugehörigkeit zur anderen Gruppe zurückgeführt. Dies kann man als ein „kollektives Gefühl" der Benachteiligung bezeichnen. Es wird aber seitens der Ausländer wiederum nicht berücksichtigt, dass die fehlende Schul- und Ausbildung auch einen großen Teil dazu beiträgt, dass die Chancen in der deutschen Gesellschaft ein- und aufzusteigen, sehr gering ausfallen.

5 Fazit

Es ist Fakt, dass Ausländer in Deutschland leben, und diese weder heimkehren können und wollen. Viele von ihnen sind hier geboren und aufgewachsen, und können sich ein Leben in der Türkei nicht vorstellen. Sie sehen Deutschland als ihr zu Hause an.

Zudem ist durch die demographische Entwicklung in Deutschland, an eine Ausweisung der Ausländer nicht mehr zu denken. Sie bilden zudem mittlerweile eine wichtige wirtschaftliche Säule in der Bundesrepublik Deutschland. Eine Ausweisung hätte für die Bundesrepublik Deutschland somit mehr Nachteile als Vorteile.

Beide Seiten sind also aufeinander angewiesen. Es muß nun Ziel sein, die in der Vergangenheit begangenen Versäumnisse zu erkennen und zu beseitigen. Dabei muss man nun endlich aufhören, die Schuld stets auf der anderen Seite zu suchen. Beide Seiten haben Fehler gemacht. Die Aufgabe besteht nun darin, diese Fehler einzugestehen und bestmöglich zu beheben. Dabei hat die deutsche Politik bzw. Gesellschaft folgende Aufgabe:

---

[12] vgl. Klaus Feldmann, Soziologie kompakt, Seite 88 ff.

- Integrationsprogramme und Bildungsmaßnahmen für Ausländer durchführen
- Abbau von Vorurteilen
- Gleichbehandlung von Deutschen und Ausländern
- den Ausländern das Gefühl geben, in Deutschland willkommen und „zu Hause" zu sein

Die Aufgaben der Ausländer wiederum lauten:

- die angebotenen Maßnahmen zur Integration und Bildung voll annehmen, verinnerlichen und verwirklichen
- den Kontakt zur deutschen Gesellschaft auf positive Weise intensivieren und somit Vorurteile abbauen
- volle Unterstützung der Kinder in dem Vorhaben, sich einen geeigneten und guten Platz in der deutschen Gesellschaft zu finden, v.a. durch die eigenen Eltern (Abbau der vorhanden Parallelgesellschaft)
- Intensivierung der Bildungsbemühungen

Man muss eins stets beachten: nur durch bessere Bildung und Qualifikation ist eine Integration in die deutsche Gesellschaft und Arbeitsmarkt möglich.

Dass die Integration nicht unmöglich ist wird an folgenden Beispielen sehr deutlich:

- während der FIFA Fußball WM 2006 haben viele türkische Mitbürger sich über die Erfolge der deutschen Nationalmannschaft gefreut und zusammen mit der deutschen Gesellschaft gefeiert; dabei wurden deutsche und/mit türkischen Fahnen geschwenkt =>hieraus kann man deuten, das die Türken gewillt sind, sich hier anzupassen und das es auch Deutsche gibt, die sie hier herzlich aufnehmen

- bei ernsthaften schulischen und beruflichen Bemühungen, hat man als Ausländer ebenfalls die Chance, in Deutschland sich weiterzuentwickeln und aufzusteigen (z.B..: Cem Özdemir/ Politiker; Kaya Yanar/ Entertainer; Vural Öger/ Geschäftsführer der Öger Tours)

Es gilt nun, diese Beispiele zu vervielfachen, so dass beide Seiten Ihren Nutzen davon haben.

6 Abkürzungsverzeichnis

bzw. = beziehungsweise

ca.   = zirka

d.h. = das heißt

ff   = fortfolgend

u.a. = unter anderem

usw. = und so weiter

v.a. = vor allem

vgl. = vergleiche

z.B.: = zum Beispiel

Literatur

Feldmann, Klaus; Soziologie kompakt; 3. überarbeitete Auflage, 2005

Bolte, Karl Martin/ Hradil, Stefan; Soziale Ungleichheit in der Bundesrepublik Deutschland

Statistisches Bundesamt; Datenreport 2006, Zahlen und Fakten über die Bundesrepublik Deutschland, Auszug aus Teil II, 14. Zuwanderer und Ausländer in Deutschland

http://www.nrw2000.de/nrw/gastarbeiter.htm